원고지 쓰기를 겸한
글씨 바로 쓰기

3-2

편집부편

와이 앤 엠

차 례

2014 개편 국어교과서

원고지 쓰기를 겸한

글씨 바로 쓰기

3-2

🌳 글을 읽고 다음에 예쁘게 따라 써 보세요.

국어 가-6쪽

꼬물락꼬물락

글:강지인

막나 동생이

혼자 단추를 끼우며

조그만 손가락을

꼬물락꼬물락!

지켜보던

엄마 손가락도

따라서

꼬물락꼬물락

주머니 속

내 손가락도

덩달아

꼬물락꼬물락!

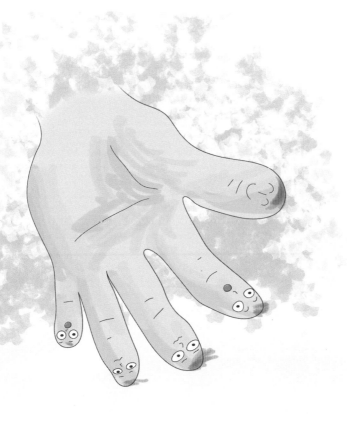

원고지 쓰기를 생각하며 바르게 따라 써 보세요.

꼬물락꼬물락

글 : 강지인

　　막내 동생이

　혼자 단추를 끼

우며

　조그만 손가락을

원고지 쓰기를 생각하며 바르게 따라 써 보세요.

		꼬	물	락	꼬	물	락	！	
		지	켜	보	던				
		엄	마		손	가	락	도	
		따	라	서					
		꼬	물	락	꼬	물	락		！

🌳 글을 읽고 다음에 예쁘게 따라 써 보세요.

국어 가-8쪽

발가락

글:류호철

내 양말에 구멍이 뽕

발가락이 쏙 나왔다.

발가락은 꼼틀꼼틀

저거끼리 좋다고 논다.

나도 좀 보자

나도 좀 보자

서로 밀치기 한다.

모처럼 구경하려는데

와 밀어내노

서로서로 얼굴을 내민다.

그런데 엄마가 양말을 기워서

발가락은 다시

캄캄한 세상에서

숨도 못 쉬고 살게 되었다.

원고지 쓰기를 생각하며 바르게 따라 써 보세요.

		발	가	락			
		글	:	류	호	철	
		내		양	말	에	구 멍
	이		뻥				
		발	가	락	이	쏙	나
	왔	다	.				

원고지 쓰기를 생각하며 바르게 따라 써 보세요.

		발	가	락	은		꼼	틀	꼼
	틀								
		저	거	끼	리		좋	다	고
	논	다	.						
	나	도		좀		보	자		
	나	도		좀		보	자		
		서	로		밀	치	기		한

원고지 쓰기

1. 제목 쓰기

제목은 첫째 줄을 비우고 둘째 줄의 중앙에 씁니다.

예1 (O)

| | | | | | | | | | | | | | ← 첫째줄 |

| | | | 꼬 | 물 | 락 | 꼬 | 물 | 락 | | | | | ← 둘째줄 |

| | | | | | | | | | | | | | ← 셋째줄 |

예2 (x)

| | 꼬 | 물 | 락 | 꼬 | 물 | 락 | | | | | | | ← 첫째줄 |

| | | | | | | | | | | | | | ← 둘째줄 |

| | | | | | | | | | | | | | ← 셋째줄 |

예3 (O)

| | | | | | | | | | | | | | ← 첫째줄 |

| | | | | | 발 | 가 | 락 | | | | | | ← 둘째줄 |

| | | | | | | | | | | | | | ← 셋째줄 |

예4 (x)

| | | | | | | 발 | 가 | 락 | | | | ← 첫째줄 |

| | | | | | | | | | | | | ← 둘째줄 |

| | | | | | | | | | | | | ← 셋째줄 |

2. 글의 종류 쓰기

글의 종류는 원고지, 첫줄의 둘째 칸부터 씁니다.

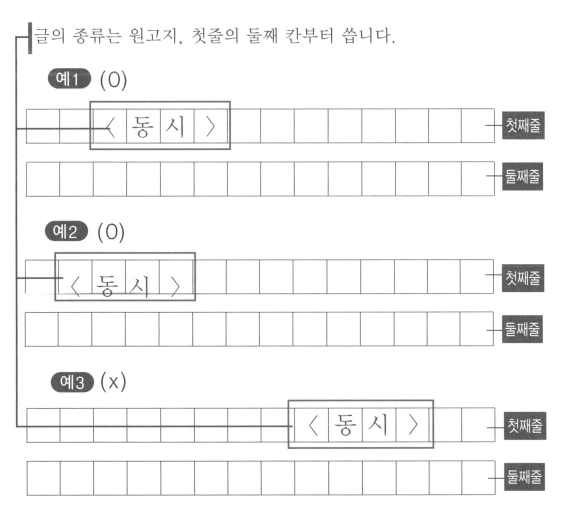

예1 (O)

| | 〈 | 동 | 시 | 〉 | | | | | | | | ← 첫째줄 |

| | | | | | | | | | | | | ← 둘째줄 |

예2 (O)

| 〈 | 동 | 시 | 〉 | | | | | | | | | ← 첫째줄 |

| | | | | | | | | | | | | ← 둘째줄 |

예3 (x)

| | | | | | | 〈 | 동 | 시 | 〉 | | | ← 첫째줄 |

| | | | | | | | | | | | | ← 둘째줄 |

13

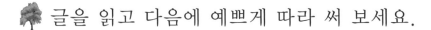 글을 읽고 다음에 예쁘게 따라 써 보세요.

국어 가−26쪽

칠판 앞에 나가기 싫어

글:다니엘 포세트, 옮김:최윤정

오늘은 목요일, 나는 배가 아프다. 어머니께서는 초콜 릿을 너무 많이 먹었기 때문이라고 말씀하신다. 하지만 초콜릿을 많이 먹는다고 꼭 목요일에만 배가 아프다는 것은 말이 안 된다.

아버지께서는 내가 게을러서 학교에 안 가고 집에서 놀 고 싶어서 핑계를 댄다고 생각하신다. 물론 나는 씩씩해 지고 싶다. 하지만 내 배는 씩씩하지가 않다.

우리 부모님께서는 짐작으로 무엇을 알아냈을 때 아주 좋아하신다. 그럴 땐 기분이 우쭐해지시는 모양이다. 하 지만 어머니, 아버지께서 내게 물어봐 주신다면 나는 왜 배가 아픈지 설명할 수 있을 것 같다.

사실, 목요일마다 선생님께서는 학생 한 명을 불러서 칠판 앞에 나가 수학 문제를 풀게 하신다. 그런데 나는 칠판 앞에 나가는 것이 아주 겁이 난다. 그리고 겁이나

면 숫자도 제대로 안 세어진다.

　창피해서 이런 이야기를 친구들에게 할 수도 없다.
나 같은 겁쟁이가 또 있을 리도 없고, 애들이 다 나를
놀릴 것이 뻔하다.

　선생님께도 말씀드릴 수가 없다. 선생님께서는 구구
단도 하나 제대로 외우지 못하느냐고 그러실 것이다.
하지만 우리 형하고 복습을 많이 했는데도 그렇다.

　내 여자 친구 폴린느가 칠판 앞에 나가서 처음부터 끝
까지 줄줄이 다 외우던 것을 떠올리기만 해도 내가 너무
바보 같다는 생각이 들고 배가 더 많이 아픈 것 같다.

학교 버스 안에서 애들은 다 웃고 떠든다. 하지만 나는 이 끔찍한 칠판 말고 다른 생각을 할 수가 없다. 교실에 앉으면 그때부터 고통이 시작된다. 선생님께서는 아이들을 쭉 둘러보며 누구를 시킬지 생각하신다.

고개를 들지 말아야 한다. 바로 내 앞자리가 폴린느이다. 나는 폴린느의 등을 뚫어져라 쳐다본다. 폴린느의 스웨터에 구멍이 안 나는게 다행이다.

원고지 쓰기를 생각하며 바르게 따라 써 보세요.

	칠	판		앞	에		나	가	기
						싫	어		
			옮	김	:	최	윤	정	
		오	늘	은		목	요	일	,	나
는		배	가		아	프	다	.		어
머	니	께	서	는		초	콜	릿	을

원고지 쓰기를 생각하며 바르게 따라 써 보세요.

너무　많이　먹었기

때문이라고　말씀하신

다.　하지만　초콜릿을

많이　떡는다고　꼭

목요일에만　배가　아

프다는　겟은　말이

안　된다.

원고지 쓰기를 생각하며 바르게 따라 써 보세요.

	아	버	지	께	서	는		내	가
게	을	러	서		학	교	에		안
가	고		집	에	서		놀	고	
싶	어	서		핑	계	를		댄	다
고		생	각	하	신	다	.		물	론
나	는		씩	씩	해	지	고		싶

원고지 쓰기를 생각하며 바르게 따라 써 보세요.

다	.		하	지	만		내		배	는
씩	씩	하	지	가		않	다	.		
		우	리		부	모	님	께	서	는
짐	작	으	로		무	엇	을		알	
아	냈	을		때		아	주		좋	
아	하	신	다	.		그	럴		땐	
기	분	이		우	쭐	해	지	시	는	

20

원고지 쓰기를 생각하며 바르게 따라 써 보세요.

모	양	이	다	.		하	지	만	어
머	니	,		아	버	지	께	서	내
게		물	어	봐		주	신	다	면
나	는		왜		배	가		아	픈
지		설	명	할		수		있	을
것		같	다	.					

	사	실	,	목	요	일	마	다	
선	생	님	께	서	는		학	생	
한		명	을		불	러	서		칠
판		앞	에		나	가		수	학
문	제	를		풀	게		하	신	다 .
그	런	데		나	는		칠	판	
앞	에		나	가	는		것	이	

22

원고지 쓰기를 생각하며 바르게 따라 써 보세요.

아	주		겁	이		난	다	.	그
리	고		겁	이		나	면		숫
자	도		제	대	로		안		세
어	진	다	.						
	창	피	해	서		이	런		이
야	기	를		친	구	들	에	게	

할		수	도		없	다	.		나
같	은		겁	쟁	이	가		또	
있	을		리	도		없	고	,	애
들	이		다		나	를		놀	릴
것	이		뻔	하	다	.			
		선	생	님	께	도		말	씀 드
릴		수	가		없	다	.	선	생

원고지 쓰기를 생각하며 바르게 따라 써 보세요.

님께서는 구구단도

하나 제대로 외우지

못하느냐고 그러실

것이다. 하지만 우리

형하고 복습을 많이

했는데도 그렇다.

원고지 쓰기를 생각하며 바르게 따라 써 보세요.

	내		여	자		친	구		폴
린	느	가		칠	판		앞	에	
나	가	서		처	음	부	터		끝
까	지		줄	줄	이		다		외
우	던		것	을		떠	올	리	기
만		해	도		내	가		너	무
바	보		같	다	는		생	각	이

원고지 쓰기를 생각하며 바르게 따라 써 보세요.

들	고		배	가		더		많	이
아	픈		것		같	다	.		
	학	교		버	스		안	에	서
애	들	은		다		웃	고		떠
든	다	.	하	지	만		나	는	
이		끔	찍	한		칠	판		말

원고지 쓰기를 생각하며 바르게 따라 써 보세요.

고		다	른		생	각	을		할
수	가		없	다	.	교	실	에	
앉	으	면		그	때	부	터		고
통	이		시	작	된	다	.	선	생
님	께	서	는		아	이	들	을	
쭉		둘	러	보	며		누	구	를
시	킬	지		생	각	하	신	다	.

원고지 쓰기를 생각하며 바르게 따라 써 보세요.

　고개를　들지　말아
야　한다.　바로　내
앞자리가　폴린느이다.

나는　폴린느의　등을
뚫어져라　쳐다본다.

폴린느의　스웨터에

원고지 쓰기

3.소속 쓰기

학교, 반, 이름 등은 제목 아래서 한 줄 비우고 다음 칸에 씁니다. 이때 왼쪽 두 칸을 비우도록 써야 합니다.

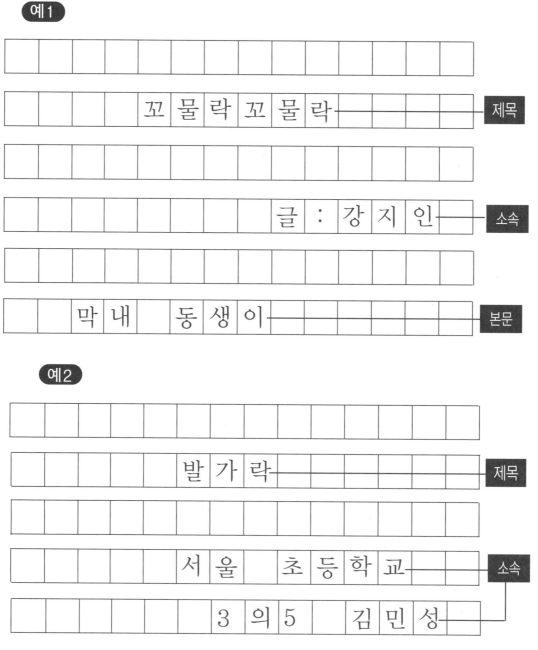

30

4.시의 본문 쓰기

동시는 두 칸을 들여 씁니다.

예1

				수	박	씨					

					글	:	최	명	란		

		아	~	함							
		동	생	이		하	품	을		한	다
		입	안	이							
		빨	갛	게		익	은		수	박	속
	같	다									
		충	치	는		까	맣	게		잘	익 은
	수	박	씨								

첫째칸

둘째칸

그러나 한 줄을 모두 채우고 줄을 바꿔 이어 쓸 때는 한 자가 앞으로 나와야 합니다(이어 시작할 때는 한 칸만 비우고 씁니다).

예2

	모	처	럼		구	경	하	려	는	데	
	와		밀	어	내	노					
	서	로	서	로		얼	굴	을		내	민	다	.
	그	런	데		엄	마	가		양	말	을
기	워	서									
	발	가	락	은		다	시				
	캄	캄	한		세	상	에	서			
	숨	도		못		쉬	고		살	게		되
었	다	.									

글을 읽고 다음에 예쁘게 따라 써 보세요.

국어 가-38쪽

부탁하는 글쓰기

　선생님께

　안녕하세요? 저는 서혁우입니다. 저희를 언제나 사랑으로 대해 주셔서 고맙습니다.

　선생님, 요즈음 들어 고민이 생겼어요. 칠판의 글씨가 뿌옇게 보여서 불편해졌거든요. 죄송하지만 제 자리를 앞쪽으로 옮겨 주세요. 앞쪽 자리로 옮기면 칠판이 훨씬 잘 보이고 공부도 잘될 것 같아요.

　부탁드립니다.

200○년 9월 15일

서혁우 올림

교장 선생님께

안녕하세요? 저는 3학년 해님 반 반장 이소영입니다. 부탁드리고 싶은 것이 있어서 이렇게 글을 씁니다.

우리 학교는 아름답기는 하지만 친구들과 운동을 하려고 하면 운동 기구가 부족하여 불편한 점이 많습니다. 우리 학교 운동장에 여러 가지 운동 기구를 설치하여 주시면 좋겠습니다. 그러면 저희가 더 편리하고 즐겁게 운동을 할 수 있을 거예요. 많이 바쁘시겠지만 힘을 써 주세요.

항상 건강하시기를 빕니다.

20○○년 9월 17일

3학년 해님 반 이소영 올림

원고지 쓰기를 생각하며 바르게 따라 써 보세요.

		선	생	님	께				
	안	녕	하	세	요	?		저	는
서	혁	우	입	니	다	.		저	희	를
언	제	나		사	랑	으	로		대
해		주	셔	서		고	맙	습	니
다	.								

원고지 쓰기를 생각하며 바르게 따라 써 보세요.

	선	생	님	,		요	즈	음		들
어		고	민	이		생	겼	어	요	.
칠	판	의		글	씨	가		뿌	옇	
게		보	여	서		불	편	해	졌	
거	든	요	.		죄	송	하	지	만	
제		자	리	를		앞	쪽	으	로	
옮	겨		주	세	요	.		앞	쪽	

36

원고지 쓰기를 생각하며 바르게 따라 써 보세요.

	교	장		선	생	님	께	
	안	녕	하	세	요	?		저	는
3	학	년		해	님		반		반
장		이	소	영	입	니	다	.		부
탁	드	리	고		싶	은		것	이
있	어	서		이	렇	게		글	을

원고지 쓰기를 생각하며 바르게 따라 써 보세요.

쏩	니	다	.					
	우	리		학	교	는		아	름
답	기	는		하	지	만		친	구
들	과		운	동	을		하	려	고
하	면		운	동		기	구	가
부	족	하	여		불	편	한		점
이		많	습	니	다	.	우	리

원고지 쓰기를 생각하며 바르게 따라 써 보세요.

학	교		운	동	장	에		여	러
가	지		운	동		기	구	를	
설	치	하	여		주	시	면		좋
겠	습	니	다	.	그	러	면		저
희	가		더		편	리	하	고	
즐	겁	게		운	동	을		할	

5.본문 쓰기(1)

본문은 소속 다음에 한 줄 띄고 쓰며, 이때 첫째 칸을 비우고 둘째 칸부터 씁니다.

예1 (O)

	〈	편	지	글	〉									글의 종류
	부	탁	하	는		글		쓰	기					제목
			3	학	년		서	혁	우					소속

선	생	님	께									
	안	녕	하	세	요	?		저	는		서	혁	우
입	니	다	.	저	희	를		언	제	나		사	랑
으	로		대	해		주	셔	서		고	맙	습	니
다	.												

본문

본문은 소속 다음에 한 줄 띄고 쓰며, 이때 첫째 칸을 비우고
둘째 칸부터 씁니다.

예2 (O)

| | 〈 | 편 | 지 | 글 | 〉 | | | | | | | | | 글의 종류 |

| | | | | | | | | | | | | | |

| | 부 | 탁 | 하 | 는 | | 글 | | 쓰 | 기 | | | | | 제목 |

| | | | | | | | | | | | | | |

| | | | | 3 | 학 | 년 | | 이 | 소 | 영 | | | | 소속 |

| 교 | 장 | | 선 | 생 | 님 | 께 | | | | | | |

| | 안 | 녕 | 하 | 세 | 요 | ? | | 저 | 는 | | 3 | 학 | 년 | 본문 |

| 해 | 님 | | 반 | | 반 | 장 | | 이 | 소 | 영 | 입 | 니 | 다 | . |

| 부 | 탁 | 드 | 리 | 고 | | 싶 | 은 | | 것 | 이 | | 있 | 어 |

| 서 | | 이 | 렇 | 게 | | 글 | 을 | | 씁 | 니 | 다 | . |

| | 우 | 리 | | 학 | 교 | 는 | | 아 | 름 | 답 | 기 | 는 |

원고지 쓰기

글자는 한 칸에 한 자씩만 씁니다. 그리고 부호도 한 자이므로 한 칸에 따로 써야 합니다.

예1 (x)

	선	생	님	께					

	안	녕	하	세	요	?		저는	서	혁	우	입

| 니 | 다 | . | 저 | 희 | 를 | | 늘 | | 많 | 은 | | 사 | 랑 |

| 으 | 로 | | 대 | 해 | | 주 | 셔 | 서 | | 고 | 맙 | 습 | 니 |

| 다 | . | | | | | | | | | | | | |

예2 (x)

| | 교 | 장 | | 선 | 생 | 님 | 께 | | | | | |

| | 안 | 녕 | 하 | 세 | 요? | | 저 | 는 | | 3 | 학 | 년 |

| 해 | 님 | | 반 | | 반 | 장 | | 이 | 소 | 영 | 입 | 니 | 다 | . |

| 부 | 탁 | 드 | 리 | 고 | | 싶 | 은 | | 것 | 이 | | 있 | 어 |

| 서 | | 이 | 렇 | 게 | | 글 | 을 | | 씁 | 니 | 다 | . |

글을 읽고 다음에 예쁘게 따라 써 보세요.

국어 가-68쪽

종이 봉지 공주

엘리자베스는 아름다운 공주였습니다. 엘리자베스 공주는 성에서 살고 있었는데, 그 성에는 비싸고 좋은 옷이 많았습니다. 공주는 로널드 왕자와 결혼하여 행복하게 살 참이었습니다.

어느날 아침 무렵, 무서운 용 한 마리가 나타나 공주의 성을 부수고 뜨거운 불길을 내뿜어 공주의 옷을 몽땅 불사르고 로널드 왕자를 잡아가 버렸습니다.

공주는 용을 뒤쫓아 가서 왕자를 구해 오기로 결심하였습니다. 그런데 옷이 몽땅 타 버려서 입을 것을 찾아야 했습니다. 공주는 사방을 둘러보았습니다. 그때 종이 봉지 한 장이 눈에 띄었습니다. 공주는 종이 봉지를 주워 입고 용을 찾아 나섰습니다.

용이 지나간 길목에 있는 숲은 모두 타 버리고 그 자리에는 말뼈들만 뒹굴고 있었습니다. 공주는 용이 지나간 흔적을 따라 계속 걸어갔습니다.

점심때가 채 안 되어서 마침내 공주는 어느 동굴 앞에 다다랐았습니다. 동굴에는 굉장히 큰 문이 달려 있었고, 문 두

43

드릴 때에 쓰는 커다란 쇠붙이도 있었습니다. 공주는 쇠붙이를 잡고 문을 쾅쾅 두드렸습니다.

용이 문 밖으로 삐죽 코를 내밀었습니다.

"우아, 공주님이시로군요! 난 공주를 좋아하지. 그런데 오늘은 이미 성 한 채를 통째로 삼켜서 배가 부른 걸. 난 지금 몹시 바쁘니 내일 다시 와."

용은 문을 쾅 닫았습니다. 그 바람에 공주는 하마터면 문에 코를 찧을 뻔하였습니다.

공주는 문고리를 잡고 다시 문을 쾅쾅 두드렸습니다. 용이 또 문 밖으로 삐죽 코를 내밀었습니다.

"가! 가라니까. 난 공주를 좋아해. 그런데 오늘은 이미 성 한 채를 통째로 삼켰다니까. 난 지금 몹시 바빠. 그러니 내일 다시 와."

잠시 뒤에 공주가 물었습니다.

"잠깐만, 네가 이 세상에서 가장 머리가 좋고 가장 용감한 용이라던데, 정말이니?"

"그럼, 정말이지."

"네가 불을 한 번 내뿜으면 숲 열 군데가 한꺼번에 타 버린다던데, 정말이니?"

"그럼, 정말이지."

원고지 쓰기를 생각하며 바르게 따라 써 보세요.

	종이		봉지		공주	
			옮김	:	김태	희
	엘리자베스는				아름	
다운		공주였습니다.				
엘리자베스			공주는			
성에서		살고		있었는		

원고지 쓰기를 생각하며 바르게 따라 써 보세요.

데	,	그		성	에	는		비	싸
고		좋	은		옷	이		많	았
습	니	다	.	공	주	는		로	널
드		왕	자	와		결	혼	하	여
행	복	하	게		살		참	이	었
습	니	다	.						
	어	느		날		아	침		무

렵, 무서운 용 한

마리가 나타나 공주

의 성을 부수고 뜨

거운 불길을 내뿜어

공주의 옷을 몽땅

불사르고 로널드 왕

원고지 쓰기를 생각하며 바르게 따라 써 보세요.

자	를		잡	아	가		버	렸	습
니	다	.							
	공	주	는		용	을		뒤	쫓
아		가	서		왕	자	를		구
해		오	기	로		결	심	하	였
습	니	다	.	그	런	데		옷	이
몽	땅		타		버	려	서		입

원고지 쓰기를 생각하며 바르게 따라 써 보세요.

을		것을		찾아야		하
였습니다.			공주는			사
방을		둘러		보았습니		
다.		그때		종이		봉지
한		장이		눈에		띄었
습니다.			공주는			종이

원고지 쓰기를 생각하며 바르게 따라 써 보세요.

봉	지	를		주	워		입	고
용	을		찾	아		갔	습	니	다	.
	용	이		지	나	간		길	목
에		있	는		숲	은		모	두
타		버	리	고		그		자	리
에	는		말		뼈	들	만		뒹
굴	고		있	었	습	니	다	.	공

원고지 쓰기를 생각하며 바르게 따라 써 보세요.

주	는		용	이		지	나	간	
흔	적	을		따	라		계	속	
걸	어	갔	습	니	다	.			
	점	심	때	가		채		안	
되	어	서		마	침	내		공	주
는		어	느		동	굴		앞	에

원고지 쓰기를 생각하며 바르게 따라 써 보세요.

다	다	랐	습	니	다	.		동	굴	에
는		굉	장	히		큰		문	이	
달	려		있	었	고	,		문		두
드	릴		때	에		쓰	는		커	
다	란		쇠	붙	이	도			있	었
습	니	다	.		공	주	는		쇠	붙
이	를		잡	고		문	을		쾅	

원고지 쓰기를 생각하며 바르게 따라 써 보세요.

쾅		두	드	렸	습	니	다.
	용	이		문	밖	으	로		삐
죽		코	를		내	밀	었	습	니
다.							
	"우	아,		공	주	님	이	시
	로	군	요	!		난		공	주

원고지 쓰기를 생각하며 바르게 따라 써 보세요.

	를		좋	아	하	지	.		그	런
	데		오	늘	은			이	미	
	성		한		채	를		통	째
	로		삼	켜	서		배	가	
	부	른	걸	.		난		지	금	
	몹	시		바	쁘	니		내	일
	다	시		와	.	"				

원고지 쓰기를 생각하며 바르게 따라 써 보세요.

	용	은		문	을		콩		닫
았	습	니	다	.		그		바	람	에
공	주	는		하	마	터	면		문
에		코	를		찡	을		뻔	하
였	습	니	다	.					
	공	주	는		문	고	리	를

원고지 쓰기를 생각하며 바르게 따라 써 보세요.

잡	고		다	시		문	을		쾅
쾅			두	드	렸	습	니	다	.		용
이			또		문		밖	으	로
삐	죽		코	를		내	밀	었	습
니	다	.							
		"	가	!		가	라	니	까	.
	난		공	주	를		좋	아	해	.

원고지 쓰기를 생각하며 바르게 따라 써 보세요.

그런데 오늘은 이

미 성 한 채를

통째로 삼켰다니까.

난 지금 몹시 바

빠. 그러니 내일

다시 와."

원고지 쓰기를 생각하며 바르게 따라 써 보세요.

　잠시　뒤에　공주가
물었습니다.
　　"잠깐만,　네가　이
　세상에서　가장　머
리가　좋고　가장
　용감한　용이라던데,
　정말이니?"

	"그	럼	,		정	말	이	지	.	"
	"네	가		불	을		한			
	번		내	뿜	으	면		숲		
	열		군	데	가		한	꺼	번	
	에		타		버	린	다	던	데	,
	정	말	이	니	?	"				

6.앞칸 비우기

글이 처음 시작될 때는 첫째 칸을 비우고 둘째 칸부터 씁니다.

예1 (O)

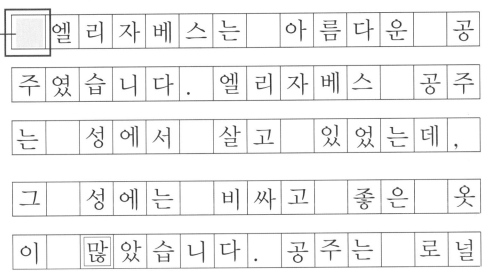

	엘	리	자	베	스	는		아	름	다	운		공
주	였	습	니	다	.		엘	리	자	베	스		공	주
는		성	에	서		살	고		있	었	는	데	,
그		성	에	는		비	싸	고		좋	은		옷
이		많	았	습	니	다	.		공	주	는		로	널

문단이 바뀌어 다음 문단이 시작할 때도 첫째 칸을 비우고 둘째 칸부터 씁니다. 이때 앞 문단의 빈칸은 채우지 않고 비워둡니다.

예2 (O)

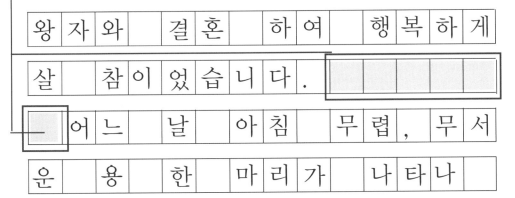

왕	자	와		결	혼		하	여		행	복	하	게
살		참	이	었	습	니	다	.					
	어	느		날		아	침		무	렵	,	무	서
운		용	한		마	리	가		나	타	나		

61

여기서 둘째 줄의 '참이었습니다.' 다음은 칸이 남아도 비워 놔야 합니다. '어느 날 아침 무렵'은 문단이 바뀌므로 첫칸을 비우고 둘째 칸부터 써야 합니다.

예1 (x)

왕	자	와		결	혼		하	여		행	복	하	게
살		참	이	었	습	니	다	.		어	느		날
아	침		무	렵	,	무	서	운		용		한	
마	리	가		나	타	나		공	주	의		성	을

예2 (O)

왕	자	와		결	혼		하	여		행	복	하	게
살		참	이	었	습	니	다	.					
	어	느		날		아	침		무	렵	,	용	
한		마	리	가		나	타	나		공	주	의	
성	을		부	수	고		뜨	거	운		불	길	을
내	뿜	어		공	주	의		옷	을		몽	땅	

62

여기서 둘째 줄의 '버렸습니다.' 다음은 칸이 남아도 비워 놔야 합니다. '공주는…'은 문단이 바뀌므로 첫칸을 비우고 둘째 칸부터 써야 합니다.

예1 (O)

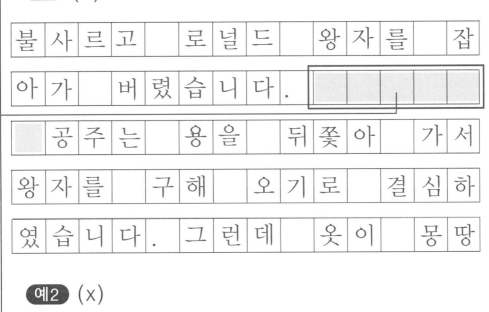

불	사	르	고		로	널	드		왕	자	를		잡
아	가		버	렸	습	니	다	.					

	공	주	는		용	을		뒤	쫓	아		가	서
왕	자	를		구	해		오	기	로		결	심	하
였	습	니	다	.		그	런	데		옷	이		몽	땅

예2 (x)

불	사	르	고		로	널	드		왕	자	를		잡
아	가		버	렸	습	니	다	.	공	주	는		용
을		뒤	쫓	아		가	서		왕	자	를		구
해		오	기	로		하	였	습	니	다	.		그	런
데		옷	이		몽	땅		타		버	려	서	
입	을		것	을		찾	아	야		하	였	습	니

국어 가-78쪽

해치와 괴물 사 형제

글: 정하섭

세상이 처음 생겼을 때 이야기야.

하늘에는 정의를 지키는 '해의 신' 해치가 살았어. 해치는 아침부터 저녁까지 세상 구석구석에 고루 햇빛을 비추어 주었단다. 그러다가 누군가 나쁜짓을 하면 곧바로 달려가 날카로운 뿔로 들이받았지. 해치의 머리에는 아무도 꺾지 못하는 정의의 뿔이 솟아 있었거든.

어두운 땅속 나라에는 무섭게 생긴 괴물들이 살았는데, 그중에서 가장 못된 녀석들이 괴물 사 형제야. 첫째는 뭉치기 대왕, 둘째는 뿜기 대왕, 셋째는 던지기 대왕, 막내는 박치기 대왕이지. 괴물 사 형제는 걸핏하면 땅 위로 올라와 불을 질렀어.괴물 사 형제가 불을 지를 때마다 해치는 번개같이 나타나 불을 끄고 녀석들을 땅속으로 쫓아 버렸어. 그래서 괴물 사 형제는 해치를 몹시 미워하였지.

'해치만 없으면 온 세상이 우리 차지일텐데……'

괴물 사 형제는 해치에게 앙갚음을 하려고 늘 벼르고 있었어.

어느 깊은 밤에 괴물 사 형제는 몰래 땅속에서 기어 나왔어. 괴물 사 형제는 해치가 밤에는 해를 수평선 너머 바다 밑에 넣어 둔다는 걸 알고, 해를 훔쳐 오기로 한 거야. 괴물 사 형제는 이리저리 두리번거리다가 덩실덩실 어깨춤을 추며 깜깜한 밤하늘을 소리 없이 날아갔지. 바다 밑, 해를 넣어 두는 창고 문 앞에는 해치가 드르렁드르렁 코를 골며 자고 있었어. 괴물 사 형제는 살금살금 창고 안으로 들어가서 커다란 쇠그물에 해를 넣고는 다시 조심조심 걸어 나왔어. 그리고 해를 네 조각으로 잘랐어. 그때까지도 해치는 세상모르고 곯아떨어져 있었지.

이튿날 아침에 무슨 일이 벌어졌는지 알아? 해가 떴는데 동쪽뿐만 아니라 남쪽과 서쪽, 북쪽에도 떠 있는 거야! 괴물 사형제가 일부러 동서남북에 하나씩 해를 띄워 놓았거든.

"여기도 해! 저기도 해!"

사람들은 눈이 휘둥그레졌지. 하늘에 해가 네 개나 뜨니까 세상이 뜨끈뜨끈 달아오르기 시작하였어. 풀과 나무는 뜨거운 햇볕에 말라 시들고, 사람들은 너무 더워서 거의 숨을 못 쉴 지경이었어.

원고지 쓰기를 생각하며 바르게 따라 써 보세요.

	해	치	와		괴	물			
					사		형	제	
	세	상	이		처	음		생	겼
을		때		이	야	기	야	.	
	하	늘	에	는		정	의	를	
지	키	는		'	해	의		신	'

원고지 쓰기를 생각하며 바르게 따라 써 보세요.

해	치	가		살	았	어	.	해	치
는		아	침	부	터		저	녁	까
지		세	상		구	석	구	석	에
고	루		햇	빛	을		비	추	어
주	었	단	다	.		그	러	다	가
누	군	가		나	쁜		짓	을	
하	면		곧	바	로		달	려	가

원고지 쓰기를 생각하며 바르게 따라 써 보세요.

날	카	로	운		뿔	로		들	이
받	았	지	.		해	치	의		머	리
에	는		아	무	도		꺾	지	
못	하	는		정	의	의		뿔	이
솟	아		있	었	거	든	.		
	어	두	운		땅	속		나	라

에는 무섭게 생긴

괴물들이 살았는데,

그 중에서 가장 못

된 녀석들이 괴물

사 형제야. 첫째는

뭉치기 대왕, 둘째는

뿜기 대왕, 셋째는

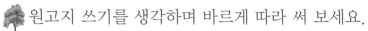

던지기 대왕, 막내는

박치기 대왕이지. 괴

물 사 형제는 걸핏

하면 땅 위로 올라

와 불을 질렀어. 괴

물 사 형제가 불을

원고지 쓰기를 생각하며 바르게 따라 써 보세요.

지	를		때	마	다		해	치	는
번	개	같	이		나	타	나		불
을		끄	고		녀	석	들	을	
땅	속	으	로		쫓	아		버	렸
어	.		그	래	서		괴	물	사
형	제	는		해	치	를		몹	시
미	워	하	였	지	.				

원고지 쓰기를 생각하며 바르게 따라 써 보세요.

　　'해치만　없으면

　　온　세상이　우리

　　차지일텐데…….'

　　괴물　사　형제는

해치에게　앙갚음을

하려고　늘　벼르고

원고지 쓰기를 생각하며 바르게 따라 써 보세요.

있	었	어	.						
	어	느		깊	은		밤	에	
괴	물		사		형	제	는		몰
래		땅	속	에	서		기	어	
나	왔	어	.		괴	물		사		형
제	는		해	치	가		밤	에	는
해	를		수	평	선		너	머	

원고지 쓰기를 생각하며 바르게 따라 써 보세요.

바다　밑에　넣어　둔

다는　걸　알고,　해를

훔쳐　오기로　한　거

야.　괴물　사　형제는

이리저리　두리번거리

다가　덩실덩실　어깨

원고지 쓰기를 생각하며 바르게 따라 써 보세요.

춤	을		추	며		깜	깜	한
밤	하	늘	을		소	리		없	이
날	아	갔	지	.		바	다		밑	,
해	를		넣	어		두	는		창
고		문		앞	에	는		해	치
가		드	르	렁	드	르	렁		코
를		골	며		자	고		있	었

어	.	괴	물	사	형 제 는
살	금	살	금	창 고	안 으
로		들	어 가 서		커 다 란
쇠	그	물	에	해 를	넣 고
는		다	시	조 심	조 심
걸	어		나 왔	어 .	그 리 고

원고지 쓰기를 생각하며 바르게 따라 써 보세요.

해	를		네		조	각	으	로	
잘	랐	어	.		그	때	까	지	도
해	치	는		세	상	모	르	고	
곯	아	떨	어	져		있	었	지	.
	이	튿	날		아	침	에		무
슨		일	이		벌	어	졌	는	지
알	아	?		해	가		떴	는	데

78

원고지 쓰기를 생각하며 바르게 따라 써 보세요.

동	쪽	뿐	만		아	니	라		남
쪽	과		서	쪽	,	북	쪽	에	도
떠		있	는		거	야	!		괴
물		사		형	제	가		일	부
러		동	서	남	북	에		하	나
씩		해	를		띄	워		놓	았

원고지 쓰기를 생각하며 바르게 따라 써 보세요.

거	든	.							
	"	여	기	도		해	!		저
	기	도		해	!	"			
	사	람	들	은		눈	이		휘
둥	그	레	졌	지	.	하	늘	에	
해	가		네		개	나		뜨	니
까		세	상	이		뜨	끈	뜨	끈

7.본문 쓰기(2)

끝 칸에서 낱말(부호도 한 글자로 침)이 끝나고, (줄을 바꾸어) 다음에 한 칸을 띄어야 할 때도 첫째 칸은 비우지 않고 채워 씁니다.

예1 (○)

예2와 같은 경우, '이야기야.'로 문장이 끝났으면 당연히 다음은 띄고, '하늘에는 정의…'를 써야 겠지만 줄이 바뀌고 첫칸을 비우지 않고 써야 한다는 규정 때문에 띄어 쓰면 틀립니다.

예2 (×)

이야기가 바뀌고(문단이 바뀌고) 다른 내용이 시작할 때에는 첫째 칸을 비웁니다. 예2에서도 '이튿날…'을 쓸 때 다음 줄의 첫째 칸을 비우고 둘째 칸부터 써야 맞습니다.

예1 (x)

해	치	는		세	상	모	르	고		곯	아	떨	어
져		있	었	지	.	이	튿	날		아	침	에	
무	슨		일	이		벌	어	졌	는	지		알	아	?
해	가		떴	는	데		동	쪽	뿐	만		아	니
라		남	쪽	과		서	쪽	,	북	쪽	에	도	

예2 (0)

해	치	는		세	상	모	르	고		곯	아	떨	어
져		있	었	지	.								
	이	튿	날		아	침	에		무	슨		일	이
벌	어	졌	는	지		알	아	?		해	가		떴
는	데		동	쪽	뿐	만		아	니	라		남	쪽

82

글을 읽고 다음에 예쁘게 따라 써보세요.

국어 나-176쪽

이황

별이 반짝이는 깊은 밤이었습니다. 사방이 캄캄한데 아직도 불이 켜져 있는 방이 있었습니다. 그 방에서는 어린 사내아이가 꼿꼿하게 앉아 글을 열심히 읽으며 혼잣말을 하였습니다.

"오늘 배운 것은 오늘 다 익히자."

서당에 다니게 된 뒤부터 사내아이는 이렇게 다짐하였습니다. 예전에 다른 일을 먼저 하느라 공부를 미루었다가 책 한 권을 다 읽기까지 오랜 시간이 걸린 일이 있었기 때문입니다.

이 아이가 뒷날 조선의 대학자가 된 이황입니다.

열심히 공부한 이황이 과거를 보기 위하여 한양으로 가던 중이었습니다. 점심때가 되자, 하인이 밥을 지어 왔습니다.

"도련님, 밥이 맛있게 되었습니다. 어서 드십시오."

하인이 밥상을 내려놓으며 말하였습니다. 콩이 드문드문 섞인 쌀밥이 맛있게 보였습니다.

"가만있자, 쌀은 우리가 가져온 것이지만 콩은 어디서 났느냐?"

"저 콩밭에서 한 움큼 따 왔습니다."

"그럼 남의 콩을 훔쳐 온 것이 아니냐? 어떤 일이 있어도 남의 것을 훔치는 행동을 해서는 안 된다."

이황은 밥을 한 술도 뜨지 않았습니다.

벼슬에서 물러난 이황은 제자를 열심히 가르쳤습니다. 이황이 가르치는 제자 가운데에는 가난하게 사는 제자도 있었습니다.

하루는 이황이 꿈을 꾸었습니다. 꿈속에서 어린 제자가 슬프게 울고 있었습니다.

"왜 울고 있느냐?"

"아침 밥상에 제 밥 한 그릇만 놓여 있었습니다. 어머니께 아침을 드시지 않느냐고 여쭈어 보니 속이 좋지 않다고 하셨습니다. 그런데 제가 집을 나섰다가 놓고 온 것이 있어 다시 돌아가 보니, 어머니께서 물로 배를 채우고 계셨습니다.

원고지 쓰기를 생각하며 바르게 따라 써 보세요.

이황

별이 반짝이는 깊

은 밤이었습니다. 사

방이 캄캄한데 아직

도 불이 켜져 있는

방이 있었습니다. 그

원고지 쓰기를 생각하며 바르게 따라 써 보세요.

방	에	서	는		어	린		사	내
아	이	가		꼿	꼿	하	게		앉
아		글	을		열	심	히		읽
으	며		혼	잣	말	을		하	였
습	니	다	.						
	"	오	늘		배	운		것	은
	오	늘		다		익	히	자	."

86

	서	당	에		다	니	게		된
뒤	부	터		사	내	아	이	는	
이	렇	게		다	짐	하	였	습	니
다	.	예	전	에		다	른		일
을		먼	저		하	느	라		공
부	를		미	루	었	다	가		책

원고지 쓰기를 생각하며 바르게 따라 써 보세요.

한 권을 다 읽기까
지 오랜 시간이 걸
린 일이 있었기 때
문입니다.
　이 아이가 뒷날
조선의 대학자가 된
이황입니다.

원고지 쓰기를 생각하며 바르게 따라 써 보세요.

열심히 공부한 이
황이 과거를 보기
위해 한양으로 가던
중이었습니다. 점심때
가 되자, 하인이 밥
을 지어 왔습니다.

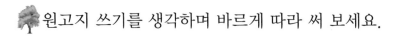

		"	도	련	님	,		밥	이		맛
		있	게		되	었	습	니	다	.	
		어	서		드	십	시	오	.	"	
		하	인	이		밥	상	을		내	
려	놓	으	며		말	하	였	습	니		
다	.		콩	이		드	문	드	문		
쉬	인		쌀	밥	이		맛	있	게		

원고지 쓰기를 생각하며 바르게 따라 써 보세요.

보	였	습	니	다	.				
		"	가	만	있	자	,	쌀	은
	우	리	가		가	져	온		것
	이	지	만		콩	은		어	디
	에	서		났	느	냐	?	"	
		"	저		콩	밭	에	서		한

원고지 쓰기를 생각하며 바르게 따라 써 보세요.

	움	큼		따		왔	습	니	다	."
	"	그	럼		남	의		콩	을	
	훔	쳐		온		것	이		아	
	니	냐	?		어	떤		일	이	
	있	어	도		남	의		것	을	
	훔	치	는		행	동	을		해	
	서	는		안		된	다	.	"	

92

원고지 쓰기를 생각하며 바르게 따라 써 보세요.

	이	황	은		밥	을		한
술	도		뜨	지		않	았	습	니
다	.								
	벼	슬	에	서		물	러	난	
이	황	은		제	자	를		열	심
히		가	르	쳤	습	니	다	.	

8.대화 쓰기 (1)

대화는 전체를 한 칸 들여 씁니다. 따라서 대화와 설명하는 글이 섞여 있을 때는, 설명하는 글은 다른 글과 같은 규칙을 따르며, 대화는 전체를 한 칸 들여써야 합니다.

예1 (O)

	열	심	히		공	부	한		이	황	이		과
거	를		보	기		위	하	여		한	양	으	로
가	던		중	이	었	습	니	다	.		점	심	때	가
되	자	,		하	인	이		밥	을		지	어		왔
습	니	다	.									

설명글

	"	도	련	님	,		밥	이		맛	있	게		되
	었	습	니	다	.		어	서		드	십	시	오	. "

대화글

	하	인	이		밥	상	을		내	려	놓	으	며
말	하	였	습	니	다	.		콩	이		드	문	드	문
섞	인		쌀	밥	이	었	습	니	다	.		

설명글

	"	가	만	있	자	,		쌀	은		우	리	가

대화글

| | 가 | 져 | 온 | | 것 | 이 | 지 | 만 | | 콩 | 은 | | 어 |
| 디 | 서 | | 나 | 왔 | 느 | 냐 | ? | " | | | | | |

대화글

예2 (x)

	열	심	히		공	부	한		이	황	이		과
거	를		보	기		위	하	여		한	양	으	로
가	던		중	이	었	습	니	다	.	점	심	때	가
되	자	,	하	인	이		밥	을		지	어		왔
습	니	다	.										

설명글

| " | 도 | 련 | 님 | , | 밥 | 이 | | 맛 | 있 | 게 | | 되 | 었 |
| 습 | 니 | 다 | . | | 어 | 서 | | 드 | 십 | 시 | 오 | . " | |

대화글

	하	인	이		밥	상	을		내	려	놓	으	며
말	하	였	습	니	다	.	콩	이		드	문	드	문
섞	인		쌀	밥	이	었	습	니	다	.			

설명글

| " | 가 | 만 | 있 | 자 | , | 쌀 | 은 | | 우 | 리 | 가 | | 가 |
| 지 | 고 | | 온 | | 것 | 이 | 지 | 만 | | 콩 | 은 | | 어 |

대화글

95

예3 (O)

설명글
이황은 안타까운 표정을 지으며 말하였습니다.

대화글
"얼마나 춥고 배가 고프겠느냐?"

설명글
이황은 급히 집으로 돌아와 장작과 쌀을 챙겨 가난한 제자의 집에 가져다주었

예4 (x)

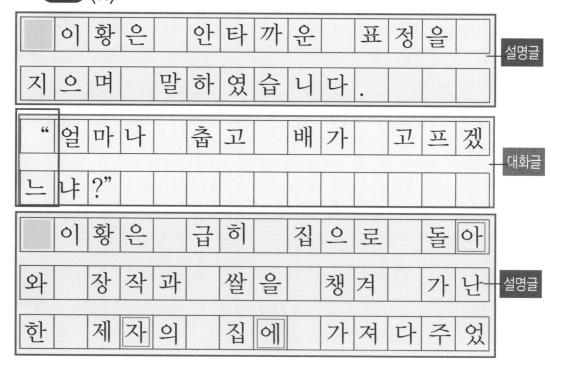

설명글
이황은 안타까운 표정을 지으며 말하였습니다.

대화글
"얼마나 춥고 배가 고프겠느냐?"

설명글
이황은 급히 집으로 돌아와 장작과 쌀을 챙겨 가난한 제자의 집에 가져다주었

글을 읽고 다음에 예쁘게 따라 써 보세요.

국어 나-230쪽

아낌없이 주는 나무

옮김:이재명

옛날에 나무 한 그루가 있었습니다.

그 나무는 한 소년을 사랑하였습니다.

날마다 소년은 나무에게로 와서 떨어지는 나뭇잎을 한 잎, 두 잎 주워 모았습니다. 그러고는 나뭇잎으로 왕관을 만들어 쓰고 숲 속의 왕노릇을 하였습니다.

소년은 나무줄기를 타고 올라가서는 나뭇가지에 매달려 그네도 뛰고,사과도 따 먹고는 하였습니다.

나무와 소년은 때로는 숨바꼭질도 하였습니다. 그러다가 피곤해지면 소년은 나무 그늘에서 단잠을 자기도 하였습니다.

소년은 나무를 무척 사랑하였고……. 나무는 행복하였습니다.

시간이 흘러갔습니다.

그리고 소년도 점점 나이가 들어 갔습니다.

나무는 홀로 있을 때가 많아졌습니다.

그러던 어느 날, 소년이 나무를 찾아갔을 때 나무가
말하였습니다.

"애야, 내 줄기를 타고 올라와보렴. 가지에 매달려
그네도 뛰고, 사과도 따 먹고, 그늘에서 놀면서 즐겁
게 지내자."

"난 이제 나무에 올라가 놀기에는 너무 커 버렸는
걸. 난 물건을 사고 싶고, 신나게 놀고 싶단 말이야.
그래서 돈이 필요해. 내게 돈을 좀 줄 수 없겠어?"

소년이 말하였습니다.

"미안하지만 내겐 돈이 없는데……"

나무가 말하였습니다.

"내겐 나뭇잎과 사과밖에 없어. 얘야, 내 사과를 따다가 도회지에서 팔지 그러니? 그러면 돈이 생기고 행복해질 거야."

그러자 소년은 나무 위로 올라가 사과를 따서 가지고 갔습니다. 그래서 나무는 행복하였습니다.

그러나 떠나간 소년은 오랜 세월이 지나도록 돌아오지 않았고……, 나무는 슬펐습니다.

그러던 어느 날 소년이 돌아왔습니다.

나무는 몹시 기뻐서 몸을 흔들며 말하였습니다.

"애야, 내 줄기를 타고 올라오렴. 가지에 매달려 그네도 뛰고 즐겁게 지내자."

"난 나무에 올라갈 만큼 한가롭지 않단 말이야."

소년이 말하였습니다.

"내겐 따뜻하게 지낼 집이 필요해. 아내도 있어야 하고, 자식도 있어야겠고. 그래서 집이 필요하단 말이야. 나에게 집 한 채 마련해 줄 수 없겠어?"

"나에게는 집이 없단다."

나무가 대답하였습니다.

"이 숲이 나의 집이지. 하지만 내 가지들을 베어다가 집을 짓지 그래. 그러면 행복해질 수 있을 거야."

그러자 소년은 나뭇가지를 베어서는 집을 지으려고 가지고 갔습니다. 그래서 나무는 행복하였습니다.

그러나 떠나간 소년은 오랜 세월이 지나도록 돌아오지 않았습니다.

그러다가 소년이 돌아오자, 나무는 매우 기뻐서 거의 말을 할 수가 없었습니다.

"이리 온, 애야."

나무는 속삭였습니다.

"와서 나랑 놀자."

난 너무 나이가 들어서 놀 수가 없어."

원고지 쓰기를 생각하며 바르게 따라 써 보세요.

	아	낌	없	이		주	는	
						나	무	
				옮	김	:	이	재	명
	옛	날	에		나	무		한
그	루	가		있	었	습	니	다	.
	그		나	무	는		한		소

년	을		사	랑	하	였	습	니	다	.
	날	마	다		소	년	은		나	
무	에	게	로		와	서		떨	어	
지	는		나	뭇	잎	을		한		
잎	,	두		잎		주	워		모	
았	습	니	다	.	그	러	고	는		
나	뭇	잎	으	로		왕	관	을		

102

원고지 쓰기를 생각하며 바르게 따라 써 보세요.

만들어 쓰고 숲 속
의 왕 노릇을 하였
습니다.

　소년은 나무줄기를
타고 올라가서는 나
뭇가지에 매달려 그

원고지 쓰기를 생각하며 바르게 따라 써 보세요.

네	도		뛰	고	,		사	과	도
따		먹	고	는			하	였	습	니
다	.								
		나	무	와		소	년	은		때
로	는		숨	바	꼭	질	도		하
였	습	니	다	.		그	러	다	가
피	곤	해	지	면		소	년	은	

원고지 쓰기를 생각하며 바르게 따라 써 보세요.

나무 그늘에서 단잠
을 자기도 하였습니
다.

　소년은 나무를 무
척 사랑하였고……,
나무는 행복하였습니

다	.								
	시	간	이		흘	러	갔	습	니
다	.								
	나	무	는		홀	로		있	을
때	가		많	아	졌	습	니	다	.
	그	러	던		어	느		날	,
소	년	이		나	무	를		찾	아

원고지 쓰기를 생각하며 바르게 따라 써 보세요.

갔	을		때		나	무	가		말
하	였	습	니	다	.				
		"	애	야	,		내		줄	기	를
	타	고		올	라	오	렴	.	가
	지	에		매	달	려		그	네
	도		뛰	고	,	사	과	도

	따	먹	고	,	그	늘	에	서
	놀	면	서		즐	겁	게		지
	내	자	.	"				
	"	난		이	제		나	무	에
	올	라	가		놀	기	에	는
	너	무		커		버	렸	는	걸	.
	난		물	건	을		사	고

	싶	고	,	신	나	게		놀	고
	싶	단		말	이	야	.		그	래
	서		돈	이		필	요	해	.
	내	게		돈	을		좀		줄
	수		없	겠	어	?	”		
	소	년	이		말	하	였	습	니

다	.						
		"	미	안	하	지	만	내	겐
		돈	이		없	는	데	…	…	.	"
		나	무	가		말	하	였	습	니
다	.						
		"	내	겐		나	뭇	잎	과
		사	과	밖	에		없	어	.	얘

원고지 쓰기를 생각하며 바르게 따라 써 보세요.

야, 내 사과를 따

다가 도회지에서

팔지 그러니? 그

러면 돈이 생기고

행복해질 거야.”

그러자 소년은 나

원고지 쓰기를 생각하며 바르게 따라 써 보세요.

무		위	로		올	라	가		사
과	를		따	서		가	지	고	
잤	습	니	다	.		그	래	서		나
무	는			행	복	하	였	습	니	다	.
	그	러	나		떠	나	간		소
	년	은		오	랜		세	월	이
	지	나	도	록		돌	아	오	지

112

원고지 쓰기를 생각하며 바르게 따라 써 보세요.

않	았	고	……	,”					
	나	무	는		슬	펐	습	니	다
	그	러	던		어	느		날	
소	년	이		돌	아	왔	습	니	다
	나	무	는		몹	시		기	뻐
서		몸	을		흔	들	며		말

하였습니다.

　"애야, 내 줄기를

　타고 올라오렴. 가

　지에 매달려 그네

　도 뛰고 즐겁게

　지내자."

　"난 나무에 올라

	갈	만큼	한가롭지			
	않단	말이야."				
	소년이	말하였습니				
다.						
	"내겐	따뜻하게				
	지낼	집이	필요해.			

	아	내	도		있	어	야		하
	고	,	자	식	도		있	어	야
	겠	고	,		그	래	서		집	이
	필	요	하	단		말	이	야	.
	나	에	게		집		한		채
	마	련	해		줄		수		없
	겠	어	?	"					

116

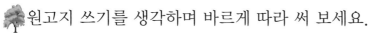

　　"나에게는　집이

　없단다."

　나무가　대답하였습

니다.

　　"이　숲이　나의

　집이지. 하지만　내

117

원고지 쓰기를 생각하며 바르게 따라 써 보세요.

	가	지	들	을		베	어	다	가
	집	을		짓	지		그	래	,
	그	러	면		행	복	해	질	
	수		있	을	거	야	.	"	
	그	러	자		소	년	은		나
뭇	가	지	를		베	어	서	는	
집	을		지	으	려	고		가	지

원고지 쓰기를 생각하며 바르게 따라 써 보세요.

고		갔습니다.		그래서
나무는		행복하였습니
다.				
	그러나		떠나간		소
년은	오랜		세월이
지나도록		돌아오지	

원고지 쓰기를 생각하며 바르게 따라 써 보세요.

않	았	습	니	다	.				
	그	러	다	가		소	년	이	
돌	어	오	자	,	나	무	는		매
우		기	뻐	서		거	의		말
을		할		수	가		없	었	습
니	다	.							
	"	이	리		온	,	얘	야	."

120

원고지 쓰기를 생각하며 바르게 따라 써 보세요.

　　나무는　속삭였습니
다.
　　"와서　나랑　놀자."
　　"난　너무　나이가
들어서　놀　수가
없어."

9.대화 쓰기 (2)

▌대화는 큰 따옴표(" ")로 나타내며, 첫째 칸을 비우고 씁니다.

예1 (O)

대화 글은 전체를 한 칸 들여 씁니다.

	" 난		이제		나무에		올라가
기에는		너무		커		버렸는걸	.
난		물건을		사고		싶고	,	신
나게		놀고		싶단		말이야	.
그래서		돈이		필요해	"
소년이		말하였습니다	.

▌설명이 짧게 끝나도, 다음에 대화가 시작할 때는 줄을 바꾸어 시작해야 합니다.

예2 (O)

소	년	이		말	하	였	습	니	다	.			
	"	미	안	하	지	만		내	겐		돈	이
	없	는	데	…	…	.	"

예2의 '없는데처럼…'처럼 대화가 끝나고 다시 설명문 '나무가 말하였습니다.'의 문장이 시작할 때는 첫칸을 비웁니다.

| | 나 | 무 | 가 | | 말 | 하 | 였 | 습 | 니 | 다 | . | | |

예3 (O)

	"	내	겐		나	뭇	잎	과		사	과	밖	에
	없	어	.		애	야	,		내		사	과	를		따
	다	가		도	회	지	에	서		팔	지		그
	러	니	?		그	러	면		돈	이		생	기
	고		행	복	해	질		거	야	.	"			
	그	러	자		소	년	은		나	무		위	로

예4 (X)

	없	어	.		애	야	,		내		사	과	를		따
	다	가		도	회	지	에	서		팔	지		그
	러	니	?		그	러	면		돈	이		생	기
	고		행	복	해	질		거	야	.	"		그	러
자		소	년	은		나	무		위	로		올	라

123

10.끝칸 쓰기

낱말이 줄의 끝에서 끝나고 부호를 써야할 때, 원고지 밖에 쓰던가, 끝칸의 글자와 같이 씁니다.이때 원고지 밖에 띄어쓰기 표시를 해도 됩니다.

예1 (O)

	그	러	자		소	년	은		나	무		위	로	v
올	라	가		사	과	를		따	서		가	지	고	v
갔	습	니	다	.		그	래	서		나	무	는		행
복	하	였	습	니	다	.								

이때는 원고지 밖에 띄어쓰기 표시를 해도 되고 안 해도 됩니다.

예2 (x)

	그	러	자		소	년	은		나	무		위	로
v	올	라	가		사	과	를		따	서		가	지
고		갔	습	니	다	.		그	래	서		나	무	는
v	행	복	하	였	습	니	다	.					
	그	러	나		떠	나	간		소	년	은		오

'위로~' 다음에 띄어 써야한 다고 줄을 바꿀 때, 첫칸을 비우고 써서는 안 됩니다.

예3 (O)

	그	러	던		어	느		날		소	년	이	

돌	아	왔	습	니	다	.							

	나	무	는		몹	시		기	뻐	서		몸	을	v

흔	들	며		말	하	였	습	니	다	.			

	"	애	야	,		내		줄	기	를		타	고

	올	라	오	렴	.		가	지	에		매	달	려

예4 (x)

	그	러	던		어	느		날		소	년	이	

돌	아	왔	습	니	다	.							

	나	무	는		몹	시		기	뻐	서		몸	을

v	흔	들	며		말	하	였	습	니	다	.		

	"	애	야	,		내		줄	기	를		타	고

	올	라	오	렴	.		가	지	에		매	달	려

11.부호 쓰기

　문장 부호는 부호 하나가 한 자로 취급되어 한 칸에 하나씩 적습니다. 그러나 온점(.)과 반점(,)은 한 칸을 따로 차지하지 않습니다. 또 줄임표(……)는 두 칸에 걸쳐 적습니다.

온점(마침표)과 ● 반점(쉼표)　，

예

	웃	음	은		여	러		가	지		면	에	서
도	움	을		준	다.	첫	째,	웃	음	은			

가운데점 ●

예

	시	장	에		가	서		사	과 ·	배	·	복
숭	아 ·	고	추 ·	마	늘		등	을		사		

물음표와 ？ 느낌표 ！

예

	“소	영	아	！		뭐		해	？		빨	리
청	소	하	고		집	에		가	야	지.	오	

쌍점 :

예

소 : 어, 나는 곤란한걸. 이렇게 피곤한 날은 일할 수 없어. (드러눕는다.)
합창 : 게으름뱅이 소!

큰따옴표 " " 와 작은따옴표 ' '

예

"여러분 예로부터 '민심은 천심이다'라고 하였습니다."

말줄임표 ……

예

"윤정아, 괜찮니? 어디 다친 데는 없어?"
"……괜찮아요."

2014개편 국어 교과서

원고지 쓰기를 겸한
글씨 바로 쓰기 3-2

초판 발행 2016 년 7 월 10 일

글 편집부

펴낸이 서영희 | **펴낸곳** 와이 앤 엠

편집 임명아

본문 인쇄 신화 인쇄 | **제책** 정화 제책

제작 이윤식 | **마케팅** 강성태

주소 120-100 서울시 서대문구 홍은동 376-28

전화 (02)308-3891 | Fax (02)308-3892

E-mail yam3891@naver.com

등록 2007년 8월 29일 제312-2007-000040호

ISBN 978-89-93557-72-5   63710

본사는 출판물 윤리강령을 준수합니다.

원고지
쓰기를 겸한
**글씨
바로쓰기**
③-2

2014 개편된 국어 교과서를 따라 쓰면서 글씨를 바로 잡도록 꾸몄으며, 또, 교과서 내용을 따라 씀으로 해서 내용을 익히기 쉽게 꾸몄습니다.

교과서 내용을 따라 쓰면서 원고지 쓰기를 익히도록 그 쓰는 방식과 규칙을 예문으로 나타내었으며 이를 쉽게 이해하도록 하기 위해 맞은 예문과 틀린 예문을 함께 보임으로써 이를 쉽게 배울 수 있게 하였습니다.

제품명 : 아동 도서   제조자명 : 와이앤엠
주소 : 서울시 서대문구 명지2길 21(홍은동)
전화번호 : 02)308-3891 제조년월 : 2016년6월
주의사항 : 종이의 절단면이 날카로워 어린이들이 책장을 넘길 때
피부를 다칠 수 있으므로 주의하기 바랍니다.
KC마크는 이 제품이 공통안전기준에 적합하였음을 의미합니다.

값 6,500원

63710
9 788993 557725
ISBN 89-93557-72-5